Geträumtes Empfinden

ad libri

Zum Autor

Dr. Karl-Heinz Meyer, geboren in Zeitz, Sachsen-Anhalt, ging im Traditions-Gymnasium Schulpforta bei Naumburg/Saale zur Schule und machte dort das Abitur.

Er begann ein Medizin-Studium an der Humboldt-Universität Berlin und setzte, nach Verlassen der damaligen DDR, sein Studium in Münster und Gießen fort.

Nach der Promotion arbeitete er in den chirurgischen Abteilungen verschiedener Krankenhäuser, bis er als Chefarzt der Chirurgischen/Unfallchirurgischen Abteilung an das Evangelische Krankenhaus in Höxter und später in Rheda-Wiedenbrück berufen wurde.

Seit dem Jahre 2000 ist Karl-Heinz Meyer im Ruhestand und fand die Zeit für seine zweite Berufung, das lyrische Schreiben.

Karl-Heinz Meyer

Geträumtes Empfinden

adlibri

Erstausgabe, September 2015
Verlegt bei adlibri, ein Imprint der KlettMedia

Redaktion: Rainer E. Kirsten
Abbildungen: Rüdiger Praßer,
© Rüdiger Praßer, Gütersloh
Umschlagkonzept und -gestaltung: Wibcke Klett
unter Verwendung eines Bildes von Rüdiger Praßer
Gestaltung und Satz: KlettMedia
Herstellung: BoD, Norderstedt
Printed in Germany 2015
ISBN 978-3-89927-044-0
www.adlibri.de

Die Freude am Denken erweitert unser Sehen
(K.-H. M.)

In Memoriam Dr. Eberhard Reimann

Einführung

„Geträumtes Empfinden" heißt der nunmehr fünfte Band mit Gedichten, Aphorismen und Prosa von Karl-Heinz Meyer. In seinen poetischen Gedankensplittern lässt er Kontraste verschmelzen. Die Wiederkehr des Vergessenen, Bewegung und Ruhe, Begnügen und Gier sind zentrale Momente seiner nach befreiender Erkenntnis suchenden Gedichte. Der Autor schöpft für seine Literatur aus seinem reichen Leben und Erleben als Mensch, Mediziner, Christ und Humanist. Seine menschennahen Texte streben nach Toleranz, Liebe, Frieden und Glück. Er führt seine Leser in Momente des Innehaltens, Reflektierens und Empfindens von intensiven Lebensmomenten, von Gedanken und Naturwelten. Albträume der Vergangenheit werden erweckt, erneut erlebt und durch die Kraft der Poesie zu mildernder Kunst. Das Alltägliche tritt aus dem Alltag heraus, der Schrecken aus dem Schrecken, die Poesie aus der Poesie. Der Autor relativiert die Zeit, Erinnerungen werden zu gegenwärtigem Empfinden, das sich dem Leser unmittelbar mitteilt. Karl-Heinz Meyer zeichnet Kontraste von Emotion, Leidenschaft, erklärender Ratio und unerklärlicher Hoffnung. So wird der intime, unabänderliche Abschied vom sterbenden Menschen zu einem Moment der tröstenden Freiheit, seelische wie architektonische Trümmer zum Zukunftsfundament und das Alter zum genussvollen Erleben des Vergangenen. Körperliche Vergänglichkeit löst sich in kosmischer Auseinandersetzung, das Erkennen führt zu einer sinnlichen Erfahrung in seinen Texten. Dabei ist oftmals wissende, herbstliche Reife Ausgangspunkt und Ziel seiner poetischen Wege durch die von Krieg, Gier, Abschied, Hoffen, Natur, Glauben, Liebe, vom menschlichen Streben und seinen Abgründen gezeichnete Welt. In den Gedichten des Autors verschmilzt die Zeit zu einem Erleben und Empfinden im Konsens der Kontraste. Der Autor zähmt die Gegensätze, die beunruhigende Suche nach Erkenntnis, die er in Sinnlichkeit und Natur zu finden vermag. Das Licht, der Glanz, die Sonne als Quelle und Nahrung des Seins ist Hoffnungsträger und Ruhepol seiner Poesie. Die Gedichte Karl-Heinz Meyers sind atmosphärisch poetische Gedankensplitter, Landschaften und Gefühlsmomente, intime Einblicke und offene Weltbetrachtungen, Leidenschaften im Guten und Bösen. In ihnen wird die Vergänglichkeit der Zeit spürbar, und doch wird das Vergangene, Verlorene oder Verdrängte durch die Texte im Jetzt zu neuem Leben und Hoffen erweckt. Der langjährige Künstlerfreund, Rüdiger Praßer, erweitert den Blickwinkel dieser Texte durch seine begleitenden Bilder und setzt mit ihnen zwischen die Zeilen meditative Farbtupfer.

Claudia Steinseifer,
Lunden, im August 2015

Aphorismen I

Die Poesie ist der Farbtupfer der Sprache

Es gibt viele Wege
Zu Träumen
In Muße zu leben
Worte zu finden

Das Gedicht
Es ist die Übersetzung von
Traum, Hoffen, Erleben

Weißt Du noch

Im Rückwärtsblicken
Verschwommenes Wahrnehmen
Verändert im Erscheinen

Im Vergehen von Zeit
Reflexionen vergangener Tage
So sehen wir uns
Durchleben im „Weißt Du noch“
Heraufbeschworenes zur Gegenwart
„Weißt Du noch“
Behauptung des Ablaufs

Deutlichkeit der Vergangenheit
Gewordenes Sein
Geschlossen sind die Augen
Tiefes Versinken im Durchleben

Der Rhythmen des Existierens
Sich wiederholendes Geschehen
Suchtstilisiert der Krake Umarmen
In gesteigerten Formulierungen
Gelangweilt das Zuhören

Geformt zu denkmalorientiertem Sein
Zur Qual werdendes Erinnern
„Weißt Du noch“
Halbwahrheit und Gewissen

Herbstes Werden

Tau glitzert über Feldern, Wiesen
Bedeckt der Bäume Laub
In der Morgenkühle zartes Ahnen von Reif
An den Autoscheiben Eis kratzende Menschen
Streifige Bündel mit leuchtendem Glanz
Erhellen sonnendurchflutet
Herbstes Werden

Abgeerntet die Felder
Geborgen der Bäume und Sträucher Frucht
Leben im Ruhebegehren
Zukunft im melancholisch untermalten Schein
Doch kraftvoll gestaltet im Wissen um Vergänglichkeit
Ewiges Blühen
Lebendiges Fühlen, Handeln, Wirken
Der Natur erlebte Vollendung
Des Lebens Vollendung

In der Jugend zart der Bäume Wurzeln
Kräftig geworden in Jahren
Immer wieder Blühen
Immer neu
Immer wieder Reifen
Immer neu

Schön der Jugend Leuchten
Reizvoll
Alt der Baum
Kraftvoll schön mit trocken brechendem Holz
Buntem Laub
Hochgewachsen
Ewigkeit verkündend

Abend

Wind ist aufgekommen
Aus strahlender Sonne
Der Abend naht
Die Zeit vergeht
Ewiges Kommen
Ewiges Gehen
Vergangene Zeit
Neue Zeit
Neu wird alt
In Ewigkeit

Herbst

Rest verbliebener Nebel
Sonnenglanzdurchdrungen
Mit stärker werdendem Schein
Prächtig der Bäume Kleid

Still schweben gealtert Blätter
Farbtupfer
Bedecken Wiesen
Gräben, Straßen

Leuchtend das Gelb
Aquarell mild abgestuft
Goldener Glanz mit ölfarbener Kraft
Kontrast verstärkt wenig Braun

Weithin leuchtend
In verkündender Schönheit
Des Ahorns Rubinrot
Kraftvoll beherrschend

Abgeerntet die Felder
Einem jugendlichen Barte gleich
Sprießt neue Frucht

Funke des Reinen
Schimmer des Schönen
Ahnung des Unvergänglichen
Farbenglanz allen Seins

Stegreif I

Was denkst Du
Was willst Du
Unsicher stehst Du
Ahnst Dein Können nicht

Träume Du
Träume Erfüllung im Schein
Geträumt wollender Wunsch
Erfüllung werdendes Sein

Stegreif 2

Gefühlverstärkt
Wahrgenommener Duft
Frisch geernteten Korns
Staubumwölkte Traktoren
Ernteglück

Tage später
Wahrgenommen
Braun die Felder
Gepflegt der Acker
Fleiß der Zeiten Schnelligkeit

Wahrnehmend
Herbstlich neues Grün
Blüten in Farben
Gelb, Weiß, Blau
Pflanzennahrung für neue Saat

Stegreif 3

Freundlich der Gruß
Piep – Piep
Im summenden Rollen
Gezeichnet Spuren auf dem Rasen
Vom mähenden Roboter

Bahnen
Gerade
Schräge

Rückwärts
Vorwärts
Abrupt das Drehen

Du hörst das sanfte Brummen
Der Roboter arbeitet
Du kannst ruhen

Verbleibendes

Ich liebte die Berge
Liebe sie noch
Die Höhen
Den Blick in die Täler
Zum Horizont

Verblieben
Der Zeit geschuldete Beschwerlichkeit
Das Tal
Die Ebene
Das Meer

Vereinte Elemente der Zeit
Schaffen und Wollen
Einschnitt der Zeit
Einheit des Lebens
Der Berg
Die Ebene
Das Meer
Die Horizonte vereint

Das alte Krankenhaus

Rasselnd
Kettengetrieben
Geräuschvoll wühlen Bagger
Mauern demolierend
Zeitgeschuldete Zerstörungslust
Vorgespielter Wirtschaftlichkeit
Als Notwendigkeit
Geopferter Inbegriff

Ich hab es in Erinnerung
Zweckgeformt
Nüchtern gestaltet
Das Haus
In dem ich wirkte
Das ich gestalten half
Mit Leben erfüllte

Das Haus
Von dienenden Menschen umgeben
Für Menschen mit Menschen gefüllt
Es nagte an mir
Es stärkte mich

Vernichtet
Sich ändernd
Erst leer
Jetzt unansehnliche Trümmer
Bald kahle Fläche
Die Seele schmerzt

Trost mir bleibt
Bleibt allen das Erinnern

Neue Häuser sollen wachsen
Ich hoffe es
Glaube daran
Die Gedanken bleiben
Neues Leben wird es geben

Vielen neues Leben
Unvergessen zu bleibendem Sein

Aphorismen 2

Zum Begreifen der Zeit
Schließe die Augen – Ruhe!
So lernst Du sehen

Das Leben ist ein Irrgarten
Zum Erkennen des richtigen Weges
Braucht es
        Bereitschaft
        Das Glück des Sehens und
        Das Sehen wollen

Zum Gestalten des gefundenen Weges
Braucht es
        Mut
        Vertrauen
        Hoffnung

Am Kreidefelsen

Senkrecht stürzt der Hang in das Tal
Bedrängt von Buchen bewachsenem Wald
Finde Halt an des Gatters hölzernem Balken

Wald in urzeitlicher Erscheinung
Gewachsen in einmaliger Buchenpracht
Vom kreidenen Weiß der Küste
Zu stürzen scheint in die Tiefe

Da unten
Des Waldes Rauschen übertönend
Plätschern
Vom Wind getrieben die Wellen
Sie donnern gegen den Fels
Fressen am weißen Gestein

Unendliches Wogen in die Ferne
Noch eben erkennbar
Der aufgehenden Sonne folgend
Ein Schiff
Sehnen und Gruß

Sanssouci

Mir war, ich sei ein Vogel
Träumendes Schweben
Schwungbefördertes Rauschen
Gezeichnetes Erleben
Mit Wegen
Sichtbar im Fühlen
Der Sonne vollendetes Sein

Von Ost nach West
Von Nord nach Süd
Empfindungen krönend
Dem Ziele entgegen
Inmitten das Schloss
Im Schweben sah ich es stehen

Feingewebt mit zarter Stickerei
Ein Teppich
Blumengeschmückte Terrassen
Treppen zwischen Grün
Fontäne im glitzernden Sonnenlicht
Sterne fallen herab
Kein Wachsen zum Himmel

Produkte rationalen Denkens
Verbleibend divergierendes Sein
Im Wollen zur Wirklichkeit

Ruhe
Geist
Besonnenheit
Des Hauses Wollen
Des Hauses Sinn

Die Ratio überwindend
Gefesselt
Fixiert vom Blick
Der südlich geformte Tempel
Der hohe Campanile
Finger zum Himmel
Ewigkeit das Sehen

Von Vitte

Es tanzt der Sand
Getragen vom Wind
In wirbelnden Spiralen
Kraftvoll von Böen verstärkt
Wunderbar das Auf und Ab
Gekräuselt, schwungvoll
Schmiegsam der Figuren Schweben

Orchestral plätschern die Wellen
Des Meeres Rauschen
Des Windes Pfeifen
Der Vögel Kreischen

Fischerkähne harren des Herings Schwarm
Lehne an des Bootes Wand
Lausche beobachtend dem Spiel

In der Ferne
Das Ruganer Kap
Sonnenbestrahlt
Ein Ruf der Ewigkeit

Wellengang

Es rollen die Wellen
Es spritzt die Gischt
Es kämpft ein Boot
Die Segel gerefft
Streitet mit Wellen
Ringt mit Wind
Sicher die Fahrt

Wasser- und windgepeitscht
Auf sicherem Kurs
Im Auf
Im Ab
Das kleine Schiff

Nachlassen des Windes Kraft
Beruhigt der Wellen Stoß
Noch brodelt die See
Es schwimmt weiter
Das kleine Schiff

Die Segel jetzt rauschen
Nun ausgefahren
Groß
Stolzes Gebaren
Aus Kleinem
Am Ziele
Ist es groß

Auf der Wiese

Unweit ein Hase
Ausgestreckt
Gestört
Er hebt den Kopf
Schaut

Der Hase
Er kennt mich nicht
Der Hase
Er beobachtet mich
Hat keine Angst

Ich bleibe stehn
Der Augenblick
So einfach
So schön

Vertrauensvoll begegnet
Wir können beide gehen

Mein Haus

Ich liebe Dich
Du reetgedecktes Haus
Die umgebende Luft
Die herrschende Weite
Liebe die Blumen
Das wilde
Mächtige Wuchern der Sträucher
Die kopfberührenden Balken
Ich liebe dieses Haus
Ruhen möchte ich hier
Kann es auch
Kann vergessen
Hektik
Ärger
Probleme
Kann gesunden den Geist
Kann träumen

Trance im Strandkorb

Tief im Strandkorb zurückgelehnt
Tranig dösend
Geschlossen die Augen
Schreiend fliegen Möwen
Es wird sonnig bleiben

Mir schwindet das Grün vor den Augen
Gewahre als grauschmierige Fläche
Watt
Erblicke die Reflexion der Sonne
Strahlen
Vor mir ein Rinnsal
Priel
Ebbe

Freundlich, kräftig das „Moin“
Wach
Vorbei der Traum
Im Anblick der Priel
Einem Flusse gleich
Vom Steg überspannt

Grün die Flächen
Kein reflektierendes Glitzern
Grün die Büsche, die Bäume
Farbenspiel von Blüten
Menschen bewegen sich
Ziehen Karren
Schlagen Bälle

Auf urwüchsigem Grund
Neues Leben
Von Menschen erdacht

Im Kuppelsaal

Ich betrete den unbekannten Ort
Beeindruckender Augenblick
Sehen und Empfinden
Sich begegnend im spekulativen Schauen

Abseits Tiefe
Imponierende Höhe
Lichtgeführt der kuppelüberbaute Saal
Nehme Platz
Genieße das gebotene Ambiente

Plötzlich
Klangdurchflutet die Örtlichkeit
Zart
Schwirrend schwebendes Tönen
Im schallprägenden Raum

Versunken im träumenden Hören
Fühl mich getragen
Durchdringende Wärme
Erzeugt von der Harfe schwirrenden Saiten
Gebildet vom hellem Mandolinengesang

Töne schweben
Klar, schmiegsam, zart
Sie umarmen mich
Gefühltes Sehnen
Vereint im Leben
Visionen der Sinne

Vollendung von Spiel
Vollendung von Raum und Klang
Einheit der Ruhe
Einheit von Träumen
Einheit von Harmonie

Marschblick

Vom reetumhüllten Ochsenfenster
Freigegebenes Panorama
Vor mir
Befreit vom morgendlichen Dunst
Weite
Horizontal vereinigt
Verschmolzen Himmel und Erde

Abgesetzt von grau kumulierenden Wolken
Eine Warft
Vergrößert mit trutziger Erscheinung
Rot geblinkerte Mauern
Die Kirche
Mächtig das schützende Dach

Freier Blick
Felder
Wiesen
Häuser

Unbehinderter Blick auf die Marsch
Einst Meer

Zum Abend

Der Sonne Glanz
Gewandelt vom goldenen Schein
Tiefrot als Ball
Langsames Verschwinden hinter dem Deich

Beim Versinken im Meer
Aufkommender Dunstschleier
Werdend Ruhe im Land
Beginnende Nacht

Aphorismen 3

Die Vereinigung von Traum und Sein
Ein Kunststück
Die Vereinigung mit der Hoffnung gestalten
Des Lebens Glücksfall

Träume –Sehnen – Glauben – Erleben
Sehnsüchte unseres Lebens
Des Lebens Sauerteig
Die Hoffnung seine Würze

Herbstahnung

Gemächlich der Schritt
Knistern sperriger Stoppeln am Schuh
Im Blick erkennend
Natur erzwungen
Eine faszinierende Kulisse

Am entfernten Hügel
Ruht der Blick
Ende mit Unendlichkeit
Der Horizont

Gegenwart gewordener Traum
Wolkendurchsetzter Himmel
Grau, schwarz, weiß, rosarot

Phantasie
Animiertes Sehen
Gebirge
Tiere
Gesichter
Schlösser
Überstrahlt
Gläsern hell
Vom späten Sonnenball

Gedämpftes Hoffen

Gedämpft abwartend die Stimmung
Emotionslos
Von verwirrenden Eindrücken getragen
Nur langsam fällt das Laub

Unentschlossen, orientierungslos
Rhythmus der Zeit
Morgendlicher Nebel
Dazwischen blaue Streifen
Hoffnungsboten

Ewiges Fragen
Quälend im Sinn
Warum
Wieso
Wohin

Wanderung im Zeitenlauf
Unter machtpolitscher Gier
Von Entartung bedroht

Melancholisch
Sentimental
Doch freudig durchsetzt
Enzyklopädie der Zeit
So wie immer

Emotional gesteuertes Denken
Christlich geprägter Kultur
Im Reigen weltpolitischer Irrungen

Gewachsen
Neid
Intoleranz
Kriegsgeschrei
Konfliktorientiert

Unausweichlichkeit
Vom Suchen beherrscht

Wo ist mein Licht
Zeig es mir

Nur ein Ahnen
Doch ein Schein
Bleibendes Hoffen

Im Alter

Den Gipfel überwunden
Du schaust zurück
Verschlungen im Wirrwarr
Vergangenes erkennend

Siehst Tiefen
Siehst Höhen
Nicht endende Weite
Im Begreifen so nah, so weit

Unzerstörbares Fühlen
Gebliebenes Wünschen
Alltag des Lebens
Die Familie
Bleibender Mittelpunkt

Unvermindert regsam
Bleibe stehen
Ideale bewahrt
Polyphonisch mein Erleben

Letzter Gruß

Stehe
Tonlos
Traurig
Vom Erinnern durchwühlt
Noch spürend den Druck Deiner Hand
Den letzten

Von Krankheit gezeichnet
Schmerzgeplagt
Dein Blick
Gedankenvoll
Wissen und Erkennen
Einheit mit Hoffen
Einheit im Glauben
In Dankbarkeit Segen hinterlassend

Jetzt sehe ich
Tanzende Lichter der Zeiten
Sterne
Schauen herab im Seelengewand
Ewigkeits Gruß

Situationsüberwältigt

Fühle mich überfallen
Wieso – weshalb – warum
Ich sollte es wissen
Ich weiß es nicht
Verworrenheit einer animierten Erlebensanalyse
Geistig mentaler Bedrängnis

Vorüber
Wetterkapriolen fatalistischen Erlebens
Sturm –Hagel – Eis
Gießender Regen – die Flut
Unnütze Frage hirnlokalisierter Diskussion
Was wäre wenn

Leben geschuldetes Denken
Empfinden als Morphologie unseres Seins
Ergebnis existenziell gerichteten Wollens

Vom Duft gefangen

Sinnverlorenes Schauen
Fixationslos
Keine Fragen
Nur Träumen
Aus duftgeführtem Fühlen
Werdendes Sehen

Präsentation
Nur mühsam am Stiel gehalten
Üppig gewachsen
Ein Blütenmeer

In Rot
In Weiß
In Blau
In Gelb
Kräftig die Farben

Welche Pracht
Animiert zum Genuss
Sauge ich auf Sommerblumen
Hummeln und Bienen umkreisen sie

Vergangene Zeiten

Lass passieren
Vergangene Zeiten
Die schönen, die guten
Die Not
Die Opfer
Die Freuden
Das Glück
Gedanken im Guten

Vergangen die Zeiten
Der Himmel Dein Glück

Du lachtest
Du weintest
Du fragtest kaum – hätte
Du fragtest kaum – was

Vergangene Zeiten
Dein Himmel blieb steh'n

Du sorgtest
Sorgtest für Kinder,
Die Mutter, den Mann

Du hofftest
Hofftest auf Heimat
Und musstest doch wandern
Wandern von Ost nach West
Nach Süd nach West
Jetzt Ost

Vergangene Zeiten
Dein Himmel blieb steh'n

Unbegreifbar

Im Gefühl neben sich zu stehen.
Schein gewordenes Sein
Was ist
Was wird
Undurchdringlichkeit der Gegenwart

Eingedrungen
Nicht mögen
Nicht können
Nicht wagen
Nicht wollen

Unwirklichkeit im Sein
Gesteigert
Beim nächtlichen Grübeln
Mündend in Apathie
Sinnlosigkeit
Kalt das wärmende Erinnern

Unvergessen
Der Vögel Zwitschern
Der Blätter Rauschen

Unvergessen
Die Flüsse
Das Meer
Der Regen

Unvergessen
Der Sonne Leuchten

Träume des Lebens

Noch bist Du nicht müde
Träumst Träume des Lebens
Die Vergangenheit war gut
Der Himmel bleibt steh'n

Erinnere Dich
Erlebe Leben im Traum
Die Kinder erwachsen
Danken Dir

Der Mann
Dem abenteuerlich folgend
Du geopfert mancherlei Ruh
Dankt es Dir

Die Menschen
Mit Dir gelebt
Von Dir geliebt
Und Dich geliebt
Danken Dir

Jetzt träume mit uns
Von Freude
Vom Segen
Vom Glück
Von Familie
Von Freunden
Lebe weiter mit allen
Du bist nicht allein
umarme das Glück
Der Himmel bleibt steh'n.

Vergleichendes Sehen

Empfundenes Erleben in anderer Zeit
Zu Wirklichkeiten geworden
Aufbäumendes Reagieren
Muss das sein

Mein Erleben
Mein Tun
War das nur schlecht
Andere Zeit
Anderes Denken
Es scheint so gleich
Empfinden so anders
Sogleich

Geschehen animiert zur rückwärtigen Betrachtung
Steh ich wie immer
Schaue Vergangenes im Wirrwarr der Zeit

Geblieben das Fühlen
Geblieben das Wünschen
Geblieben das Streben zur Vollendung im Sein
Unverminderte Regsamkeit
Ideale bewahrt
Im polyphonischen Erleben des menschlichen Seins

Blick von der Festung

Vom Sonnenstrahl getragen
Gesanggetrieben
Gleiten die Augen die Klippen hinunter

Natürlich, ich hab es gesehen
Das Denkmal
Den Herrscher zu Ross
Natürlich, ich hab ihn gesehen

Ich sah noch mehr
Ich sah zwei Flüsse
Den von Süd
Den von West

Sah die Häuser
Sah das Land
Sah Hügel mit Reben
Die stolze Feste
Sah Schiffe im Wasser

Verspürte Historie
Jahrhunderte geformt
Gegenwart und Zeit

Friedlich sind die Flüsse
Sehe Sehnsucht nach Freude
Keine Helden
Spüre Friedenslust

Aphorismen 4

Der Erfolg ist eine Kombination von Wissen und
Können
Größe und Menschlichkeit erfährt man
Im Erlernen des Sehens und in der Bereitschaft für
Träume

Das schnelle Erfassen einer Situation
Das ist die Spontanität im Handeln und Überlegen
Nicht der Aktionismus

Das Leben ist ein Auf und Ab
Doch ohne?
Es wäre inhaltslos
Wir brauchen Träume
Wir brauchen Erleben
Vereint mit Sehen
Sauerteig des Lebens

An des Gipfels Rand

Verzaubernd der Höhen Strahlen
Auch Regenwolken siehst Du
Wahrnehmend
Unter Dir
Flächen trocken
Öde, leer
Und Bäche
Sie laben das Land

Vergangenes erkennend
Fragendes den Körper durchzieht
Werdend Zeit und Ziel
Üppigkeit im Sehen
Reichtum im Verspüren
Passage des Lebens
An des Gipfels Rand

Ebene Straße

Die Flächen
Grün unterbrochen
Von Braun mit Punkten
Sie bewegen sich
Tiere auf den Weiden

Befreiende Weite
Zum Unendlichen getragen
Doch Dunst begrenzende Ferne
Überdeckt vom Blau wolkendurchsetzten Himmels

Du gleitest dahin
Leichtigkeit
Vergessen
Freiheit
Mit Wucht der Zärtlichkeit
Vernetzt im Sinn

Unverständlich
Plötzlich Kurven
Scharfe Biegungen
Im geraden Weg
Haben die einen Sinn

Kontrast

Einen Vogel
Sehe ich sitzen
Auf dem höchsten Ast
Ruhiges Verharren in des Windes Spiel

Physiognomie sicheren Sitzes
Locker der nickende Kopf
Stolz die Haltung
Keine Furcht

Ein Mensch
Er steht am Zaun
Schlaff die Haltung
Fingertippen auf des Handys Schirm
Physiognomie unsteter Bewegung

Kein Blick nach oben
Nicht sehen des Vogels freies Sein
Die Freiheit verloren
Gefangen in des Zwanges Manie

Mein Stern

Umarmt von der Sonne Strahl
Verglüht der Komet
Postuliert zum weihnachtlichen Stern
Erloschen der leuchtende Schweif
Erkaltet, zerbröckelt
Materialistische Hoffnung
Weltraummüll

Unkopierbar der Weihnachtsstern
Aufgekommen
Sturm
Flut
Nöte

Ewiges Bleiben
Hoffnung, Liebe, Freiheit, Menschenwürde
Hoffen und Gewissheit
Stern von Bethlehem

Nebel

Wie von Kräutersud umhüllt
Stehen im dichten Nebel
Übergestülpt von einer Glocke
Undurchsichtig eingehüllt
Frostig rieselndes Gruseln

Wirklichkeit entrissen
Illusionär eingebettet
Preisgegeben irrationaler Spekulation
Erlebniswelt heller Finsternis
Kaltes Schaudern

Ein zarter Wind
Nur ein Hauch
Der Wolke entronnen
Klar die Sicht
Noch immer eine Wolkenwand
Sie hat Löcher
Ahnen von Sonne
Wärmend das Atmen

Familien im Licht

Spielen mit Würfeln
Mit Karten
Sie lachen
Ärgern sich
Sie spielen
So war es immer
Ich erinnere mich

Sie sitzen zusammen
Basteln
Singen
Erzählen Geschichten
So war es immer
Ich erinnere mich

Der Krippenspiele Sprüche
Gelernt, geübt
Weihnachtliches Empfinden
Erleben im Krippenschein
Glaubenserwartung
Aus Kindheitserfahrung

Bernstein

Am Fenster sitzend mit in die Weite gerichtetem Blick
Ich erkenne Dich
Sehe Dein wallendes Haar
Von Sonne erhellt
Hinter der Stirn verborgen eigenes Sinnen
Ich denke an Dich

Sehe dich sitzen
Dich stehen unsicher, gelangweilt erwartend, gespannt
Bewundere goldgelbe Steine am Ohr
Vor Millionen Jahren noch Tropfen von Harz
Der Bäume Blut
Den Reif am Arm
Gefunden im Kies, einst Tropfen von Harz
Flach, wie gepresst, marmoriert in Farben von Gelb
Geformt, gerieben zwischen Rinde und Stamm
Formen der Natur

Lebendiges Symbol
Hart mit weichem Kern
Energiegeladen
Magnetismus aus Urkraft geworden
Erleben niemals allein
Gemeinsame Vielfalt des Seins

Zur Konfirmation von Friederike, 12. Mai 2013

Aphorismen 5

Krieg ist aus Intoleranz gewordener Hass
Aus Anormalität sich entwickelnd zur grausamen
Normalität der Völker

Im Mittelalter
Päpste riefen zu Kreuzzügen
Christen zu befreien
Die Welt vom Verderben zu retten
Moderne Kriege
Sie haben Kreuzzugcharakter
Kreuzzüge brachten niemals Heil in die Welt

Träume werden wach (Phantasie)

Es ist nicht ungewöhnlich, wenn wir uns viele ungezählte Male momentan an eine Begebenheit, an eine Person nicht erinnern können. Das Verlangen, schlechte Ereignisse auf immer vergessen zu wollen, scheint in uns zum Wunschdenken geworden zu sein, dennoch entflammt sich geradezu gewalttätig immer wieder unangenehmes Erleben in Bildern längst vergangener Zeit, gewesene Albträume werden vergegenwärtigt und nachvollziehbar.

Jeder kennt das, jeder erlebt das beinahe täglich und wird unerwartet später, wie aus heiterem Himmel, von der Erkenntnis des scheinbar Vergessenen überfallen.

Wieder und wieder drängen sich für den Einzelnen Bilder von Geschehen und Erleben vergangener Jahrzehnte auf, schöne und schreckliche Bilder, die mitunter zu fantasieerfüllten Gebilden zu werden drohen, wobei wir aus der Geschichte erfahren und erleben, wie sich Spannungen zwischen Menschen und Völkern, vom Vorgehen herrschender Clans aufgewühlt, zu unrationaler Begeisterung steigern und diktatorisch animieren.

In unserem Rohstoffegoismus verspüren wir die Unfähigkeit aller eine Demokratie fordernden Nationen, sich helfend zu koordinieren.

Wir wissen auch, dass Besitz und Machtgier, je weiter sich der Mensch im Laufe der Jahrtausende vom partnerschaftlichen „Du" entfernte und sein „Ich" erfand, zu Machtgehabe und fanatischem Vorgehen drängt. Parallel zur Dramatik in der Auseinandersetzung zwischen den Menschen, aufgewühlt in unrationaler Begeisterung zu blindwütigem Vorgehen animiert, werden wir

Zeugen von vielem, das bisher Erlebte übersteigendem apokalyptischen Geschehen.

Erdbeben, aufgetürmte Wasserwogen in Form eines Tsunamis, vom Hochwasser in Seen verwandelte Fluten, Flächenbrände und die Hilflosigkeit der mit Wissen um die Technologie vollgepumpten arrogant sich als Schöpfer gebärdenden Menschen lassen Albträume aus lange vergangenen Kriegstagen aufkommen.

Unreif, unausgegoren erreichen mich nach jeder Katastrophe irrationale, realistisch gezeichnete Bilder aus der Traumwelt. Immer größer baut sich die Szene auf, fühlt sich der Zauberlehrling Mensch, jede Demut, jegliche Achtung vergessend, als Meister.

Der Traum zeigt mir Felsbrocken, herausgerissene Bäume, Trümmer von Schlammmassen, aufgeschichtet zu einem undurchdringlichen Wall, und mit tödlichem Geröll bedeckte Hänge und Täler. Aus der Ferne höre ich das Grollen abziehenden Unwetters. Es sind Töne voll wiederkehrender Ängste, die immer, bei jedem Donner, bei jedem Krachen die Frage nach der Rückkehr des Entsetzlichen aufwerfen, vibrierend Angst zementierend.

Während das Umfallen von Bäumen und Bersten von Häusern vom Jammern und gespenstigen Lauten menschlich-tierischer Vermischung übertönt wird, gräbt sich der Traum in Momenten gespenstisch mit lebloser Ruhe in mich hinein. Von unüberbietbarem Nachdruck beherrscht, glaube ich plötzlich einen furchtsamen, einen fordernden, einen provozierenden, das Gräuel durchdringenden Schrei zu hören.

Geschlossen die Augen in Gegenwart und Zeit entrückter Trance erlebe und sehe ich die Unwahrscheinlichkeit eines zwischen Steinblöcken, Schutt und Schlamm sich bewegenden Menschen und bekomme wie in einem Film das kämpfende Wühlen und den Versuch, sich zu befreien, vorgeführt.

Gestikulierend schreit die Figur.

„Hilfe“

Und hohl klingt es als Echo zurück.

„H i l f e“

„So helft mir doch“

„S o h e l f t m i r d o c h“

Des Echos Reaktion.

„Keiner?“

„K e i n e r ?“

Grausig in seiner physikalischen Erklärbarkeit, gespenstisch illuminiert vom groß aufgehenden Mond, offenbart sich auf jeden Schrei der Spott der Natur.

Unerwartet, urplötzlich in seiner Realität, erklingt hohl meinem Traum ein „Doch“.

Zittern durchfährt mich, gruselnde Illusion mit kaltem Schauern.

„Wer ist das, wer spricht da?“

„Ich“

„Hilf mir! Zeige Dich!“

Ein schreiendes Etwas, durchsetzt mit zweifelnden Fragen, frisst sich, verbunden mit dem Anschein leiser werdenden Donnerns, durch meinen Traum. Weniger Wolken werden sichtbar, dafür in der Begegnung von Horizont und Mondlicht Sterne und das endende Strahlen der sinkenden Sonne, Antipoden des Tages und der Nacht. Sinkende Leidenschaft in nächtlicher Rationalität.

Im vorgegaukelten Erscheinungsbild scheint mir, als stünden sich eine grell fordernde Sonne und der blass, geradezu kalt erscheinende Mond in voller Größe aufgerichtet gegenüber, der Hintergrund wird beherrscht von blass leuchtend sich abzeichnenden Sternen.

Die Unwirklichkeit fantasiedurchfluteter Gegenwart suggeriert dem Träumenden einen Dialog im nebulösen Geschehen.

„Ich, nur ich, die Vernunft kann Dir helfen."

„Unsinn! Nur ich, die Idee, die Leidenschaft kann helfen. Nur Ich !"

Lachen.

„Wie will die Vernunft in Gestalt des ruhig kalten Mondes, ohne die Fähigkeit eigener Leuchtkraft, ausgestattet allein mit Kraft seines Lichtes aus der Reflexion der Sonne, den Menschen ordentlich leuchten? Dein Licht kann kein Leben erhalten. In nüchterner Arroganz kann die Vernunft nur befreien, wenn sie den Menschen ein Schema aufzwingt. Der Mensch will frei, ohne schematische Zwänge sein"

„Zwänge, mag sein, natürlich Zwänge, vom natürlichen Lauf der Elemente, vom Geschehen des zyklischen Wandels meines Mondlichtes abhängig, unterliegen wir nicht alle den Auseinandersetzungen von Kräftespielen?"

„Es ist richtig, Leidenschaft, in ihrer intensiven lichtdurchdrungenen Erregung, kann Leben spenden. Ein Zuviel kann – in Abhängigkeit von Dosierung und Intensität – töten.

Wandelbar egoistisch, leidenschaftlich betont, kalt zurückgezogen, scheinbar beleidigt und rücksichtslos vernichtend brennend erscheinen sie in ihrem Lichtglanz.

Wie im Spiel von richtungsändernden Winden als Kulissen von einem Motor getrieben, wandern die Wolken, wechselseitig bald Sonne, bald Mond verdeckend, hektisch durch das Bild. In dem mit filmischer Fantasie getriebenen Wolkenspiel scheinen sich die Sterne aus der Unermesslichkeit des Weltraumes zu melden, auffallend heller, sichtbarer erscheinend.

Ein vor den Trümmern eines Hauses stehender Mensch erweckt den Eindruck, als beeinflusse seinen Arbeitsrhythmus der Wechsel von Mond und Sonne, im Gedränge das Chaos zu ordnen erkennt man ein Taumeln zwischen Besessenheit, wildem, planlosen schnellen Tun und einer Behäbigkeit, die jeden Handgriff zu überlegen scheint. Es bleibt die Suche nach dem richtigen Weg.

Im langsamer werdenden Windspiel der Wolken öffnet sich der Blick auf die heller erscheinenden Sterne im kuppelhaften All.

Ich glaube eine echogetragene singende Stimme zu hören. „Beendet Euren Streit, und Du Mensch höre! – Abwägen, das richtige Maß zu finden, Recht von Unrecht zu trennen, Vernunft noch Leidenschaft sind dazu allein fähig. Sie erscheinen immer wieder wild gestikulierend, subjektiv, engstirnig als Waagschalen ohne Waagebalken, die in ihrem Streit um die Vorherrschaft im sinnlosen Dominanzgerangel grausiges Unheil anrichten können, das Menschen und Völker verderben wird“.

Die strahlende Leidenschaft, die brennenden Ideen der Sonne haben ebenso ihre Berechtigung wie das scheinbar kühle, Vernunft bringende Mondlicht. So wie sich beide in ihrer Weltenbahn verbinden, muss für beide ein wägender Balken gleich dem All in seiner Unendlichkeit, in seiner Einheit mit allen Weltenkörpern existieren.

Ist der Traum hier beendet? Ich weiß es nicht. Irgendwie fühle ich mich wach, habe im Schlaf den unbändigen Wunsch, meine Gedanken zu löschen. Im vergeblichen

Wollen wälze ich mich im Bett, verfolgt von Analysen und dem Bestreben das Geträumte zu ergründen, ein Ergebnis zu finden.

Die träumend erlebte bildliche Darstellung als Gegenwartsdramaturgie erwecken Erinnerungen biblischer Beschreibung aus dem Matthäusevangelium, wo beim Bild der Verklärung Christi eine Himmelsstimme präsentiert wird.

Analytisch quälend empfinde ich die Gegenüberstellung von Leidenschaft und Vernunft beim Ereignis einer Naturkatastrophe, dabei stellt sich die Frage, ob in einer solchen Episode unbewältigt nachwirkende Erlebnisse aus Kriegszeiten kumulierend mitwirken, die für sich allein beliebig abrufbar sind und sich mit den in der Gegenwart scheinbar gehäuft auftretenden Katastrophen verbinden.

Ich betrachte die Vernunft als Fähigkeit, den Verstand sinnvoll und verantwortungsvoll und bewusst einzusetzen. Im Denken produziert unser Verstand durch die mit Beobachtung und Erfahrung gesammelten Sachverhalte universelle Zusammenhänge. Es werden Schlussfolgerungen hergestellt, in deren Bedeutung es gelingt, Regeln und Prinzipien aufzustellen und danach zu handeln. Das Wie, das Was , das Wo treiben zu ungestümen Fragen mit Sucht zu genormten Ergebnissen, die kein Ruhe finden ermöglichen.

Die unermessliche Größe des Himmelgewölbes, seine Unendlichkeit in der Ordnung bestehender Räume bringt in der Betrachtung ruhige Bewunderung und ermöglicht so, Schrecken und kosmische Unendlichkeit in glückliches Empfinden zu wandeln.

Zugleich erlebe ich bei der Betrachtung des Himmels Ehrfurcht und Bewunderung und stehe vor einer unendlichen Ordnung eines scheinbar dissonanten Raumes, der eine Form vermittelt, die Glückseligkeit mit symphonischen Klängen aus dem Unendlichem gleichkommt.

In der traumhaften Projektion in eine kosmische Auseinandersetzung wird die körperliche Vergänglichkeit verlassen und wird zur sinnlichen Erfahrung geistiger Erkenntnismöglichkeiten und weist damit ein aufwühlendes exploratives Verhalten zum Aufzeigen von Zukunftswegen.

Als ein Teil des Universums unterliegt der Mensch der Gewissheit, dass Chaos und Freude, Tyrannei und Freiheit sich am Ende in der zentrifugalen Massenbewegung Newtonscher Gesetze in den ordnenden Sternen der Menschlichkeit, Freiheit, Toleranz und Liebe, als Teile wiederfinden werden.

Ewiges Wünschen

Ich war noch jung
War ein Kind
Ich wollte mit ihnen spielen
Sie durften nicht
Sie trugen den gelben Stern
Ich sah sie nicht wieder

Ich war noch jung
War ein Kind
Sie marschierten in Kolonnen
Schwarzweiß gestreifte Kleidung
Getrieben durch die Straßen der Stadt

Ich war noch jung
War ein Kind
Granaten krachten
Blutend mein Freund
Tod vor dem Haus
Blutend der Nachbar
Ein Loch im Bauch
Tod im Park

Ich war noch jung
War ein Kind
Hör das Schreien der Frau
Hör den Schrei der Mutter
Seh die irrende Frau
Mein Haus, es brennt

Bin nicht mehr jung
Bin nicht mehr Kind
Sehe Brennen
Höre Schreien
Höre Bomben
Sehe Verzweiflung

Ich will das nicht
Ich möchte Frieden sehn
Möchte glückliche Menschen sehn

Ballade 44

Unruhig die Nacht
Meine zu wachen
Sehe Rommel, den Helden
Erblicke meine Cousins, die Russlandtoten
Auch Wilhelm in der Klasse stehen
Am Morgen Bomben, Tod
Er malte so schön.

Wiederkehrendes Vergessen
An Hunger und Not
An Bomben und Tod

Groß war der Hunger
Wir wanderten nach Brot
Erhoben die Hand zum bettelnden Gruß
Die Seele voll Scham

Kartoffeln nur drei
Zur Suppe
Für vier
Wir dankten Gott
Für alle Gaben.

Spiele miteinander
Lieder untereinander
Liebe füreinander
Wir hatten mehr als Brot.

Am Ende – 1945

Vorbei der Krieg
Das Land zerschlagen
Schon lange wurde geflüstert
Die Welt ist gegen uns
Wir können nicht gewinnen

Flach atmete das Volk im Land
Von hörenden Schatten bedroht
Angst und Fesseln allerorts

Du möchtest dich befreien
Nur flüstern konntest Du
Angst
Du sahst sie rechts
Spürtest sie links
Überall
Hofftest – hoffnungslos

1946

So mancher Vater kam nie mehr nach Haus
Doch kommen Flötenspieler
Von Zukunft tönen ihre Weisen

Sie bringen Träume
Wahrheit, Ruhe
Frieden sie verheißen
Die Freiheit bleibt ein Träumen

Helfend wogt es in der Menge
Begeistert von dem Sturm
Neue Zukunft heißt die Losung
Arbeit ist der Weg
Die Freiheit
Bleibt am Zaun

Ein Wahnsinn
(*1952 in der DDR*)

Gestern marschieren ein Muss
Heute marschieren verboten
Morgen Marschieren erlaubt
Übermorgen Marschieren ein Muss

Zum Appell ist es gekommen
Gleichsam über Nacht
Sie hissen wieder Fahnen
Jetzt blau und rot
Sie üben Marschieren
Sie trainieren Exerzieren
Sie blasen Fanfaren
Für Helden und Tod

Gefangen

Spürst Du
Fühlst Du Mensch
Kennst Du dieses Land
Öde
Furchtsam
Grausam
Weit
Unübersehbar all die Trümmer
Überall Gewimmer.

Gefühltes Spüren
Doch kannst Du's sehn
Nein
Du bist zu tief in Deiner Höhle dort gefangen
Und das sogar allein.

Du schreist
Hilfe
Freiheit willst Du haben
Die Antwort gibt die Wand
Du bist allein
Du findest keine Gnaden
Musst wohnen unerkannt

Nicht vergessen

Machtbesessenheit
Rache
Terror
Krieg
Normalitäten der Intoleranz
Und im Missionarischen Gebaren
Vernichtetes Leben
Zurücklassend Not – Regen – einen Orkan

Seht der Hoffnung Nadelöhr
Toleranz
Klare Meinung
Seht die Menschen
Unterschiedlich
So wie wir

Zeit und Sehnen

Melancholisch
Hektisch im Vorwärtsgehen
Ich jage getrieben
Geschoben
Kaufwütig rempelt die Menge
Lichterflackern
Dröhnen
Musikvermischte Weihnachtsklänge
Tingeltangel
Peinigend der Lärm

Ich eile
Strebe fort
Suche Ruhe
Suche Frieden

Verborgen im Rausch der Zeit
Verloren die friedliche Welt
Not offenbarende Berichte
Nimmersatt die Völlerei
Heulen möchte ich

Der Raserei enteilt
Stehe ich unter Himmelssternen
Sehe Frieden
Habe Ruh

Wie ein Ball
Die Venus
Hell leuchtend in goldenem Glanz
Überstrahlt der kleinen Mondsichel gläsern Licht
Beim Zukneifen der Augen Feuerstrahlen hinterlassend
In der Betrachtung
Aufgereiztes Fühlen
Wärmendes Kribbeln
Durchströmt meinen Körper

Am Nachthimmel Flackern
Kometenhaft sich bewegende Lichtpunkte
Flugzeuge
Von phantasierenden Sinnen zu Engeln gekürt
Sterne millionenfach
Lichtpunkte
Grüße anderer Welten
Werdend zu Seelen ewigen Lebens

Sehnsucht im Denken

In weite Fernen zieht das Denken
Vergessen das Sein der Zeit
Vergessen der Mensch
Die Kriege, das Morden
In weite Ferne zieht mein Denken

Menschen umkreisen die Erde
Umkreisen Planeten
Landen auf dem Mond
Landen nun auf Kometen
In weite Ferne zieht mein Denken

Des Wollens Raffgier
Im Zwang gewordener Gewinnsucht
Verschwendung von Ressourcen
Begehrlichkeit verursachendes Sein
Verlust des Denkens
Nicht sehen des Lebens Not

Im Rauschen
Lärmend, krachendes Geschehen
Sehnsucht nach Alleinsein
Nach ruhigem Denken
Sehen der freien Natur Gedeih
Sehen des Guten

Zum Ausklang

Im Zentrum unseres Erinnerns
stehen Freundschaft und Heimat.
Sie sind wesentliche Pfeiler unseres Daseins

Bei allen Realitäten
Vergiss das Sehen nicht

Realitäten umgeben uns
Aber wir müssen sie sehen

Im Sehen offenbart sich Begreifen

Ethik im Protestantismus
Alle Menschen werden mit Fehlern geboren,
doch alle Menschen sind etwas Heiliges.
Suchen wir das Letztere, und die Welt wird schöner

Verzeichnis der Abbildungen

„Malerei und Lyrik haben eines gemeinsam
Sie bereichern die Wirklichkeit
mit Phantasie und Ausdruck“

(K.-H. M.)

Zum Entstehen meiner Bilder

Geboren bin ich in Essen an der Ruhr, wo ich meine Kindheit und frühe Jugend verbrachte – somit bin ich im „Ruhrpott“ verwurzelt. Gezeichnet, gemalt habe ich, so lange ich mich erinnern kann. Das Gestalten empfinde ich als befreiend, und so manches Schulheft diente dem Bleistift als idealer Tummelplatz. Das intensive kreative Arbeiten habe ich in den zurückliegenden zwei Jahrzehnten intensiviert, auch angeregt von Dr. med. Karl-Heinz Meyer in bebildernder Begleitung seiner Lyrik.

Die verwendeten Bildmotive spiegeln Landschaften, Dinge und Gestalten, die mir in vielfältiger und verschiedenster Weise begegnen, die ich beim Spaziergang oder auf dem Fahrrad geruhsam, im Auto oder in der Bahn rasant erlebe. Mit dem Beobachten beginnt mein Malen; eigentlich befinde ich mich im nie endenden *Lernen des hinter den Horizont Schauens.* Das Erlebnis des Sehens und das Verarbeiten von Erschautem sowie das Vermitteln erlebter Stimmungen fließen als Vision auf Papier und Leinwand.

Rüdiger Praßer, Gütersloh

„Worte haben die Eigenschaft von Messern und Sonnen“

(K.-H. M.)

Der Inhalt dieses Bandes

Karl-Heinz Meyer bei adlibri

lebens-zeiten

Lyrik

112 Seiten, Paperback

ISBN 978-3-89927-030-3

Wie von einem Regenbogen umspannt sieht Karl-Heinz Meyer unseren Lebensweg. Aus dem Umfeld von in tiefer Bodenständigkeit gewachsener Erlebnisse und Geschehnisse, die der Finsternis zu entspringen scheinen, Verlust der Heimat, Zuteilwerden einer neuen Gegenwart – alles sammelt sich unter der schützenden Kuppel des Regenbogens. Sie zeigen den Autor in Natur, Humanität und Freiheitsanspruch verwurzelt. Die eigene treu bewahrte Form mit teilweise fragmentarisch hingeworfenen Worten, mit impressionistisch getupft en Momenten aus Erinnerungen und Erfahrungen reizt immer wieder zum Nachdenken und zum Meditieren. Das führt, ohne vordergründig zu erscheinen, zur Bereicherung von Lebensinhalten. Die sich daraus ergebende sichere, lebensbejahende Grundhaltung wird mit fotografischen Landschaftseindrücken verstärkt.

Karl-Heinz Meyer bei adlibri

heimat-zeiten

Lyrik

100 Seiten, Paperback

ISBN 978-3-89927-035-8

Ein starkes Naturerleben mit zarter Naturbetrachtung, verfasst in einem eigenen unkonventionellen, jederzeit authentisch wirkenden Stil, zeichnen die Gedichte von Karl-Heinz Meyer aus. Unüberhörbar ist in ihnen der unverzichtbare Wert des Hoffens in jeder Lebenslage, die Sehnsucht nach Vollendung geradezu im Sinne der Klassik, nach Frieden, Ruhe und Geborgenheit. Bei solcher Grundlage ist der Titel der vorliegenden Zusammenstellung seiner Gedichte nicht von ungefähr. Die Weite, die Vielfalt des Naturerlebens an der Küste, die im Empfinden Heimat geworden wie die angestammten Hügel und Wälder Mitteldeutschlands. Das mystische Erleben in der Natur verbindet sich zu einer Einheit. Alles in allem sind es Texte, die man immer wieder lesen kann, Texte, in denen man stets neue Erkenntnisse findet, ideal zum Träumen und Meditieren.